PLANTES CARNIVORES

Léon Rogez

Illustrations de Frédérique Fernandez
et d'Emmanuel Cerisier

MILAN
jeunesse

Comment utiliser ton carnet

Ton carnet est prévu pour être consulté facilement : grâce à son petit format, tu peux le glisser dans ta poche ou dans ton sac. Ainsi, tu l'auras toujours avec toi pour acheter de nouvelles plantes carnivores ou pour t'occuper de celles que tu possèdes déjà.

Les plantes carnivores sont étonnantes ! Dans la nature, les plantes sont à la base de la pyramide écologique*. Elles se nourrissent à partir du sol et alimentent le règne animal. Les plantes carnivores semblent inverser ces lois ! Tu découvriras que, même si elles ne capturent pas de grosses proies, elles ont développé des trésors d'imagination pour attirer et piéger toutes sortes de petites bêtes. Cultive-les pour mieux les connaître.

Des plantes avant tout !

Les plantes carnivores sont des plantes comme les autres. Elles naissent de graines, possèdent des tiges plus ou moins développées, des racines, des feuilles, et fleurissent souvent d'une manière spectaculaire.

● la **liste** du matériel nécessaire à la réalisation ;

● un **texte** qui t'explique, étape par étape, comment réaliser ta culture ;

● des **encadrés** qui t'apporteront de précieux conseils pour prendre soin de tes plantes carnivores ;

Des doubles pages te présentent
une ou plusieurs méthodes pour cultiver
tes plantes carnivores.

À chaque fois,
tu trouveras :

● un **symbole** qui
t'indique si ta culture
doit se faire en extérieur
ou en intérieur ;

Tu trouveras également
dans ton carnet des
doubles pages pour
identifier chaque
plante et connaître
ses principales
caractéristiques.

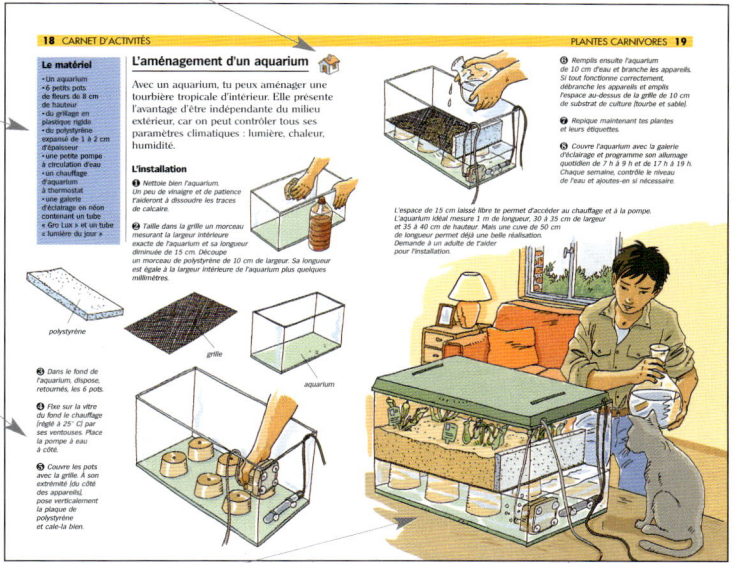

Le matériel

• Un aquarium
• 6 petits pots
  de fleurs de 8 cm
  de hauteur
• du grillage en
  plastique rigide
• de polystyrène
  expansé de 1 à 2 cm
  d'épaisseur
• une petite pompe
  à circulation d'eau
• un chauffage
  d'aquarium
  à thermostat
• une galerie
  d'éclairage en néon
  contenant un tube
  « Gro Lux » et un tube
  « lumière du jour »

L'aménagement d'un aquarium

Avec un aquarium, tu peux aménager une
tourbière tropicale d'intérieur. Elle présente
l'avantage d'être indépendante du milieu
extérieur, car on peut contrôler tous ses
paramètres climatiques : lumière, chaleur,
humidité.

L'installation

❶ Nettoie bien l'aquarium.
Un peu de vinaigre et de patience
t'aideront à dissoudre les traces
de calcaire.

❷ Taille dans la grille un morceau
mesurant la largeur intérieure
exacte de l'aquarium et sa longueur
diminuée de 15 cm. Découpe
un morceau de polystyrène de 10 cm de largeur. Sa longueur
est égale à la largeur intérieure de l'aquarium plus quelques
millimètres.

polystyrène

grille

aquarium

❸ Dans le fond de
l'aquarium, dispose,
retournés, les 6 pots.

❹ Fixe sur la vitre
du fond le chauffage
(réglé à 25° C) par
ses ventouses. Place
la pompe à eau
à côté.

❺ Couvre les pots
avec la grille. À son
extrémité (du côté
des appareils),
pose verticalement
la plaque de
polystyrène
et cale-la bien.

L'espace de 15 cm laissé libre te permet d'accéder au chauffage et à la pompe.
L'aquarium idéal mesure 1 m de longueur, 30 à 35 cm de largeur
et 35 à 40 cm de hauteur. Mais une cuve de 50 cm
de longueur permet déjà une belle réalisation.
Demande à un adulte de t'aider
pour l'installation.

❻ Remplis ensuite l'aquarium
de 10 cm d'eau et branche les appareils.
Si tout fonctionne correctement,
débranche les appareils et emplis
l'espace au-dessus de la grille de 10 cm
de substrat de culture (tourbe et sable).

❼ Replique maintenant tes plantes
et leurs étiquettes.

❽ Couvre l'aquarium avec la galerie
d'éclairage et programme son allumage
quotidien de 7 h à 9 h et de 17 h à 19 h.
Chaque semaine, contrôle le niveau
de l'eau et ajoutes-en si nécessaire.

● une **grande illustration** qui te présente
un milieu aménagé à réaliser.

Les mots suivis d'un astérisque sont
expliqués dans le lexique.

Qu'est-ce qu'une plante carnivore ?

Une plante carnivore attire ses proies, les piège et les digère. On trouve les plantes carnivores dans des milieux naturels où le substrat* est très humide et très pauvre en sels minéraux*. En climat tempéré, les restes de plantes et d'animaux se décomposent en sels minéraux. Les pluies modérées ne lessivent* pas le sol, ces sels minéraux sont donc disponibles pour les plantes habituelles. Quand l'eau est abondante (fortes pluies, fonte des neiges), le sol reste pauvre et ces dernières ne peuvent y vivre. C'est dans ces milieux hostiles que les plantes carnivores se sont développées, capturant de petits insectes pour pallier le manque de sels minéraux.

Les différents pièges

Il existe 4 types de pièges : à glu, à urne, à aspiration et à mâchoires. Tu trouveras la description de chacun dans les pages d'identification des plantes.

piège à glu

piège à urne

piège à aspiration

piège à mâchoires

Où vivent-elles ?

On les trouve dans les tourbières (zones humides envahies par une mousse particulière, appelée sphaigne), en montagne (sur les berges des ruisseaux issus de la fonte des neiges), sur les Tepuys (hauts plateaux au-dessus de la forêt amazonienne) et sur les terrains siliceux* des zones tropicales humides.

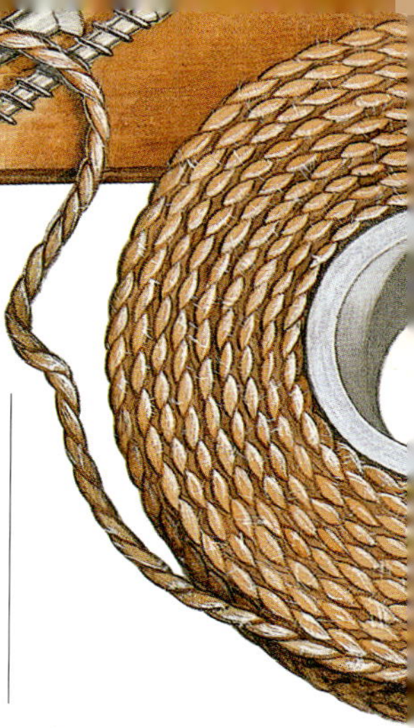

Que mangent-elles ?

Bien que les sarracénies ou les népenthès puissent piéger une petite grenouille ou un jeune rongeur, la nourriture essentielle des plantes carnivores est constituée de petits insectes. Moucherons, moustiques et petits papillons sont fréquemment piégés. Si les plus gros ne sont pas totalement digérés dans les pièges à mâchoires ou à glu, les restes de leur cadavre tombent au pied de la plante, enrichissent le terreau et nourrissent les racines. Le temps de digestion des plantes carnivores est fonction de la taille de la proie et de la température. En été, les insectes sont dissous en quelques jours. Au printemps et en automne, il faut plusieurs semaines. En hiver, repos complet pour les plantes de climat tempéré !

Les insectes morts sont digérés au contact de la feuille-piège par des sucs digestifs* acides sécrétés* par la plante. Certains pièges à urne hébergent même des bactéries qui aident à la dissolution des cadavres !

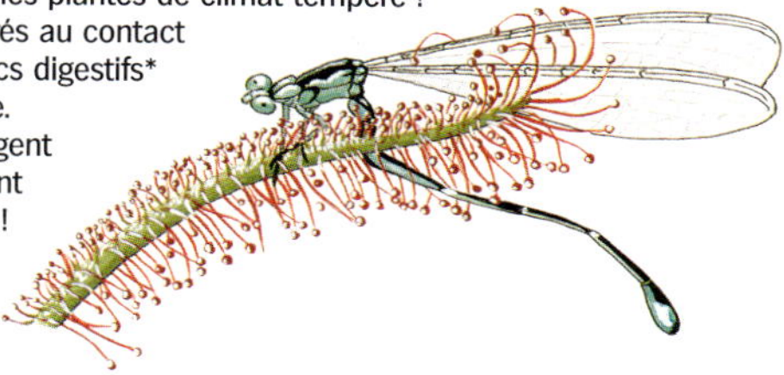

Leur répartition sur la planète

Une vingtaine d'espèces de plantes carnivores sont connues en France. On compte actuellement 550 espèces réparties sur la planète.

La plante cobra
La dionée attrape-mouches
La sarracénie à feuilles blanches
L'héliamphore penché
Le droséra à feuilles rondes
Le droséra du Cap
Le népenthès ventru
Le céphalote folliculaire

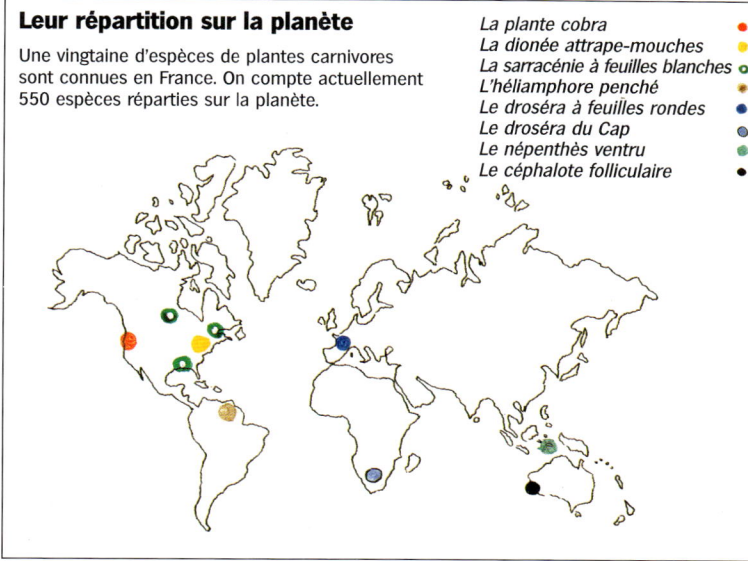

La lumière

Celle du soleil est la meilleure ! Elle est indispensable du matin au soir à de très nombreuses espèces.

La sphaigne

Cette mousse envahissante se cultive facilement. La sphaigne couvre rapidement la tourbe et constitue un décor agréable. Mais il faut en éliminer régulièrement. Sinon, elle étoufferait les plus petites plantes ! Tu trouveras ses premiers brins croissant dans les pots de certaines plantes carnivores. Tout collectionneur se fera un plaisir de t'en donner une poignée à cultiver.

Le matériel et les substrats de culture

La culture des plantes carnivores se réalise dans des conditions simples et ne nécessite pas de matériel difficile à trouver.
Si tu veux en cultiver un grand nombre, tu auras besoin de bâches à bassin et de matériel d'aquariophilie (aquarium, chauffage, éclairage...).
Tu trouveras tout cela dans des magasins spécialisés.

Les pots

Évite les pots en terre car leurs sels minéraux pourraient se dissoudre. De nombreuses plantes doivent avoir leurs feuilles exposées au soleil, mais leurs racines dans un substrat inondé et frais. Utilise des pots, seaux ou poubelles en plastique (de 5 à 70 litres). Peints en blanc, ils ne chaufferont pas au soleil.

La tourbe blonde

Les sphaignes sont des mousses à croissance rapide. À l'inverse, leur décomposition est très lente. Leurs parties mortes s'accumulent donc rapidement et donnent la tourbe blonde.

La tourbe brune

Issue de la décomposition d'une autre mousse, *Hypnum*, elle n'est utilisée que pour la culture de certaines grassettes.

La lumière artificielle

Pour les espèces tropicales,
un complément d'éclairage pour
aquarium, de type « Gro Lux »*,
peut être utile. Ajoute un
programmateur pour assurer
un allumage régulier.

L'eau

Elle est capitale pour réussir tes
cultures ! Tu en auras besoin en
assez grande quantité. Elle doit être
la plus pure possible et dépourvue
de sels minéraux. À la campagne,
recueille l'eau de pluie. Filtre-la et
conserve-la à l'abri de la lumière.
Tu peux aussi acheter de l'eau
déminéralisée en grande surface
ou en magasin d'aquariophilie.
N'utilise jamais d'eau minérale qui,
comme son nom l'indique, est riche
en sels minéraux.

Le sable de quartz

Incorporé dans certains substrats,
il évite la stagnation de l'eau,
néfaste à la culture de certaines
plantes carnivores. Tu le trouveras
dans les magasins d'aquariophilie.
On ne peut pas le remplacer par
du sable de rivière, trop calcaire.

sphaigne

sable de quartz

Le matériel complémentaire

Des étiquettes

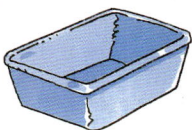

Des bassines
de 40 à 50 cm de
longueur qui serviront
de soucoupes
communes

Un crayon à papier

Un couteau de poche

Un petit arrosoir

Un pulvérisateur

La lumière

Expose tes plantes au soleil, du matin au soir.

Le sol

De la tourbe blonde suffit. Émiette-la bien avant de la mettre dans le pot.

L'eau

Utilise de l'eau de pluie ou de l'eau déminéralisée en abondance.

La culture en extérieur

Cette culture concerne des espèces de climat tempéré. Pour obtenir des plantes robustes et saines, il faut essayer de recréer leurs conditions de vie naturelles.

La tourbière fixe

Elle s'aménage dans le jardin. Creuse un trou carré de 1 m de côté et de 40 cm de profondeur, bien au soleil. Tout autour, fais un talus de 10 cm afin que l'eau du jardin ne ruisselle jamais dans ta tourbière. Après avoir éliminé du fond les cailloux et les aspérités*, étale 1 à 2 cm de sable fin, puis dispose une bâche à bassin débordant du talus. Maintiens-la avec des briques et emplis-la de tourbe blonde émiettée et d'eau déminéralisée. Repique tes plantes.

Une petite mare dans ta tourbière

Au cœur de la tourbière, creuse un trou sur 20 cm et maintiens les parois par un cylindre de grillage fin en plastique. Tu auras ainsi une flaque d'eau libre où tu pourras cultiver une utriculaire aquatique.

La culture en pots individuels

Dans cette culture, chaque pot contient une plante. Utilise des pots de 1 à 3 litres. Emplis-les de tourbe blonde bien mouillée et repique chaque plante. Conserve les étiquettes fournies par l'horticulteur. Ensuite, regroupe les pots dans des bassines et verse 5 cm d'eau dans chacune. Place le tout en plein soleil et surveille leurs besoins en eau. Si tu t'absentes quelques jours, place les bassines à l'ombre, remplies d'eau. Si tu pars longtemps, demande à un ami de s'en occuper. Tu peux aussi mettre tes pots à l'ombre, dans une piscine gonflable contenant 10 cm d'eau déminéralisée.

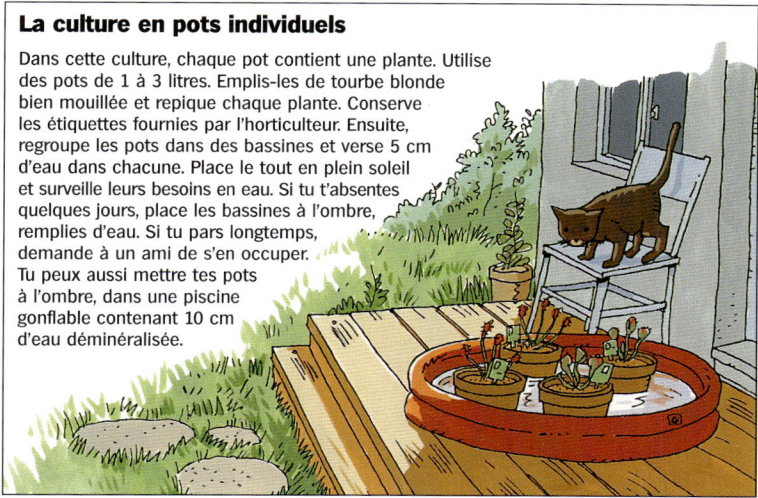

La tourbière déplaçable

Elle s'aménage dans une poubelle de 70 litres. Sa profondeur permet à certaines plantes de bien développer leurs racines. Choisis un emplacement ensoleillé et peins l'extérieur de la poubelle en blanc. Puis remplis-la jusqu'à 5 cm du bord avec de la tourbe blonde émiettée. Ajoute de l'eau jusqu'au niveau de la tourbe. Repique tes plantes à 15 cm les unes des autres. Place les espèces qui deviendront les plus grandes au nord, afin qu'elles ne fassent pas d'ombre aux autres. N'oublie pas les étiquettes ! Remets de l'eau régulièrement.

L'alimentation de tes plantes carnivores

Aucune alimentation n'est nécessaire et surtout jamais d'engrais. En extérieur, les plantes attirent les insectes et s'en nourrissent seules. Elles émettent des parfums ou imitent des gouttelettes d'eau !

Les pièges à glu

Les feuilles et parfois les tiges de la plante sont couvertes de poils terminés par une goutte de sécrétion collante. Attiré par le soleil qui brille dans ces gouttes, l'insecte se colle. Parfois, la feuille s'enroule sur elle-même pour mieux digérer la proie. Chez les grassettes, toute la surface des feuilles est collante.

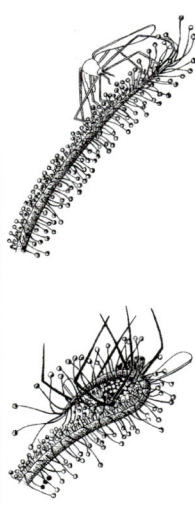

Les espèces à cultiver en extérieur

Ces espèces, de taille moyenne, sont faciles à cultiver.

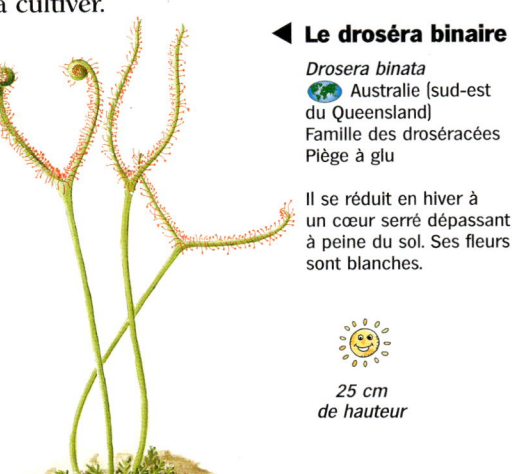

◀ **Le droséra binaire**

Drosera binata
🌍 Australie (sud-est du Queensland)
Famille des droséracées
Piège à glu

Il se réduit en hiver à un cœur serré dépassant à peine du sol. Ses fleurs sont blanches.

25 cm de hauteur

Le droséra multifide ▶

Drosera binata multifida
🌍 Australie (sud-est du Queensland)
Famille des droséracées
Piège à glu

Il se réduit en hiver à un cœur serré dépassant à peine du sol. C'est une forme monstrueuse du droséra binaire.

30 cm de hauteur

Le droséra intermédiaire ▶

Drosera intermedia
 Europe et nord-ouest des États-Unis
Famille des droséracées
Piège à glu
Cette espèce rare pousse bien sur la sphaigne vivante.

3 cm de diamètre

◀ Le droséra à feuilles rondes

Drosera rotundifolia
 Régions froides de l'hémisphère* Nord
Famille des droséracées
Piège à glu
(poils rougeâtres)

Espèce européenne la plus commune, il pousse bien sur la sphaigne vivante. Ses feuilles se replient lentement sur la proie engluée.

5 cm de diamètre

25 cm de hauteur

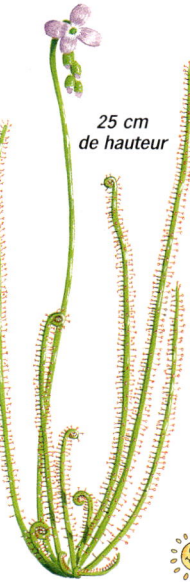

Le droséra du Cap ▶

Drosera capensis
 Afrique du Sud (province du Cap)
Famille des droséracées
Piège à glu

Il se réduit en hiver à un cœur serré dépassant à peine du sol. Cette espèce est disponible dans les jardineries.

15 cm de diamètre

Le droséra ▲ filiforme

Drosera filiformis
États-Unis (New Jersey)
Famille des droséracées
Piège à glu

Il se réduit en hiver à un cœur serré dépassant à peine du sol.

Les pièges à urne

La feuille est une urne, l'ascidie*, souvent munie d'un chapeau la protégeant de la pluie. Le bord est très coloré et peut sécréter un nectar attirant les insectes. Les parois internes de l'urne sont lisses et glissantes, le fond contient un liquide digestif*.

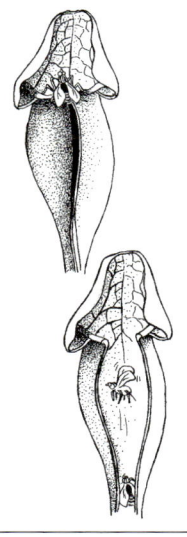

Ces espèces de plantes carnivores, de taille moyenne à grande, sont faciles à cultiver.

60 cm de hauteur (et plus)

Urne de la sarracénie à feuilles blanches

La sarracénie ▲ à feuilles blanches

Sarracenia leucophylla
🌍 États-Unis (Floride du Nord et Géorgie du Sud)
Famille des sarracéniacées
Piège à urne

C'est une géante spectaculaire ! Elle craint le vent.

25 cm de diamètre

La sarracénie pourpre ▶

Sarracenia purpurea
🌍 États-Unis (Alabama, Floride, Géorgie, Mississippi, New Jersey, Louisiane)
Famille des sarracéniacées
Piège à urne

Ses urnes ventrues sont couchées tout autour du cœur. Il existe de superbes variétés veinées* de rouge.

25 cm
de diamètre

La sarracénie perroquet ▲

Sarracenia psittacina
🌍 États-Unis (Géorgie du Sud)
Famille des sarracéniacées
Piège à urne (à toute petite entrée)

Sa feuille à la forme curieuse lui vaut son nom.
Elle n'attrape que de petits insectes.

La sarracénie jaune ▼

Sarracenia flava
🌍 États-Unis (Floride du Nord et Géorgie du Sud)
Famille des sarracéniacées
Piège à urne

Elle craint le vent qui couche les urnes, trop lourdes pour se relever seules.

40 cm
de hauteur
(et plus)

20 cm
de hauteur

◄ La petite sarracénie

Sarracenia minor
🌍 États-Unis (Floride et Caroline du Sud)
Famille des sarracéniacées
Piège à urne

C'est une petite espèce, très gracieuse avec son chapeau arrondi rougeâtre. De petites fenêtres sur le haut de la feuille attirent les insectes dans l'urne.

Sarracénies : attention à l'indigestion !

Les sarracénies vivent dans des milieux où les insectes sont peu abondants. Il arrive, surtout à la campagne, que les grandes sarracénies cultivées aient leurs urnes trop rapidement remplies d'insectes. Les urnes pourrissent alors par le milieu. Pour éviter cela, obstrue l'entrée de chaque urne en juin avec un petit tampon de coton non serré.

La grassette commune ▶

Pinguicula vulgaris
🌍 Massifs montagneux de l'hémisphère Nord
Famille des lentibulariacées
Piège à glu (feuilles collantes)

Elle préfère l'ombre et une tourbe blonde ou brune enrichie à 50 % de sable de quartz.

8 cm de diamètre

Les pièges à aspiration

Une petite poche, bordée de poils sensitifs*, est aplatie, prête à se remplir. Quand une proie touche ces poils, la poche se gonfle instantanément, aspirant l'insecte. Il se trouve alors capturé et est digéré. Ces pièges existent sur les feuilles des utriculaires aquatiques et sur les racines des utriculaires terrestres.

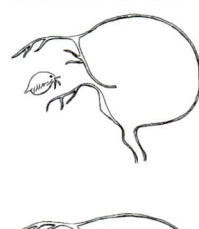

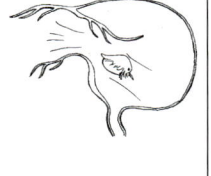

La protection des espèces locales

À l'occasion de randonnées en montagne, tu peux rencontrer diverses plantes carnivores dans les tourbières ou le long des ruisseaux. Observe-les et photographie-les, mais ne les récolte pas ! Certaines espèces européennes sont rares et protégées. Tu les obtiendras facilement auprès d'horticulteurs sérieux.

L'utriculaire commune ▶

Utricularia vulgaris
🌍 Centre et sud de l'Europe
Famille des lentibulariacées
Piège à aspiration

C'est une plante carnivore aquatique qui se tient entre deux eaux et fleurit en surface. On la cultive dans le trou d'eau du centre de la tourbière ou à l'ombre, dans un aquarium d'eau déminéralisée contenant 2 cm de tourbe blonde au fond.

Les rameaux aux feuilles très découpées mesurent 2 cm de diamètre et sont de longueur variable. Les autres pièges minuscules sont sur les feuilles.*

La dionée attrape-mouches ▶

Dionaea muscipula
États-Unis (Caroline du Nord et du Sud)
Famille des droséracées
Piège à mâchoires

La dionée disparaît totalement en hiver pour réapparaître au printemps. Elle se multiplie facilement par éclatement des bulbes et aime être replantée chaque année en mars.

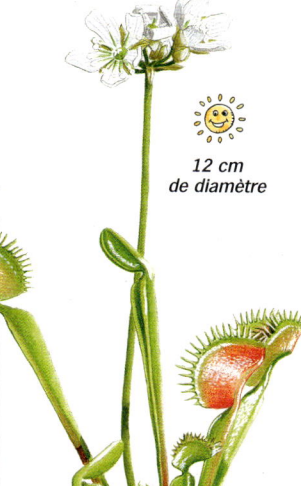

12 cm
de diamètre

Les pièges à mâchoires

Ils se constituent de 2 valves* bordées de dents raides. Chacune possède 3 poils sensitifs. Quand la proie, attirée par la couleur ou le parfum de la plante, en touche 2, le piège se referme instantanément. Un suc digestif est alors sécrété par les surfaces internes des valves. On ne trouve ce système que chez la dionée. Amuse-toi à faire se refermer le piège avec un brin d'herbe. Il se rouvrira en quelques heures. Cela ne fatigue pas ta plante, mais, pendant ce temps, elle ne se nourrit pas !

30 cm de diamètre

◀ La plante cobra

Darlingtonia californica
États-Unis
(Californie, Oregon)
Famille des
sarracéniacées
Piège à urne
(à petite entrée)

Sa feuille à la forme curieuse lui vaut son nom. De culture délicate, elle ne s'épanouit vraiment qu'en tourbière et à mi-ombre. Plante-la à l'ombre des grandes sarracénies. De petites fenêtres sur le haut de la feuille attirent les insectes dans l'urne.

La culture en intérieur

Cette culture concerne des plantes carnivores de climat tropical. Elle est un peu plus délicate que la culture en extérieur, car elle pose le problème de la lumière. Tu vas néanmoins pouvoir cultiver des plantes spectaculaires.

Les substrats

Les plantes tropicales ne proviennent pas toujours de tourbières. Il importe donc de drainer* plus ou moins la tourbe avec du sable de quartz.

L'installation de ta culture en pots

Tu peux rassembler tes pots dans une cuvette contenant 2 cm d'eau, ou les grouper dans une mini-serre. Cette dernière, quoique non indispensable, entretient une atmosphère humide « tropicale ». Elle convient surtout pour les petites espèces. Il faut toujours la laisser entrouverte.

La lumière

La plupart des plantes carnivores tropicales ont un grand besoin en lumière toute la journée. Réserve-leur un emplacement derrière une baie vitrée ensoleillée. Entre octobre et mars, il sera nécessaire pour certaines espèces d'apporter un complément d'éclairage. Un tube néon « Gro Lux » placé à 20 cm au-dessus des plantes, pourra s'allumer par un programmateur électrique, de 7 h à 9 h et de 17 h à 19 h. L'été, sors-les dehors. Attention à bien respecter le besoin d'ombre de certaines !

L'arrosage

Tes plantes apprécieront un arrosage généreux durant l'été, ainsi qu'une soucoupe remplie d'eau. Tu peux aussi vaporiser de l'eau déminéralisée sur le feuillage aux heures les plus chaudes. L'hiver, supprime la soucoupe et garde le substrat juste humide, surtout si la température de la pièce descend au-dessous de 18 °C.

Le rempotage

La couleur des pots n'a plus d'importance, car les plantes tropicales ne craignent pas la chaleur au niveau des racines. Choisis toujours de grands pots, de 1 à 3 litres, selon la taille finale de la plante. N'oublie pas non plus l'étiquette de chacune !

L'aménagement d'un aquarium

Le matériel

- Un aquarium
- 6 petits pots de fleurs de 8 cm de hauteur
- du grillage en plastique rigide
- du polystyrène expansé de 1 à 2 cm d'épaisseur
- une petite pompe à circulation d'eau
- un chauffage d'aquarium à thermostat
- une galerie d'éclairage en néon contenant un tube « Gro Lux » et un tube « lumière du jour »

Avec un aquarium, tu peux aménager une tourbière tropicale d'intérieur. Elle présente l'avantage d'être indépendante du milieu extérieur, car on peut contrôler tous ses paramètres climatiques : lumière, chaleur, humidité.

L'installation

❶ Nettoie bien l'aquarium. Un peu de vinaigre et de patience t'aideront à dissoudre les traces de calcaire.

❷ Taille dans la grille un morceau mesurant la largeur intérieure exacte de l'aquarium et sa longueur diminuée de 15 cm. Découpe un morceau de polystyrène de 10 cm de largeur. Sa longueur est égale à la largeur intérieure de l'aquarium plus quelques millimètres.

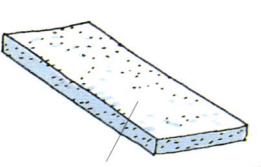

polystyrène

grille

aquarium

❸ Dans le fond de l'aquarium, dispose, retournés, les 6 pots.

❹ Fixe sur la vitre du fond le chauffage (réglé à 25° C) par ses ventouses. Place la pompe à eau à côté.

❺ Couvre les pots avec la grille. À son extrémité (du côté des appareils), pose verticalement la plaque de polystyrène et cale-la bien.

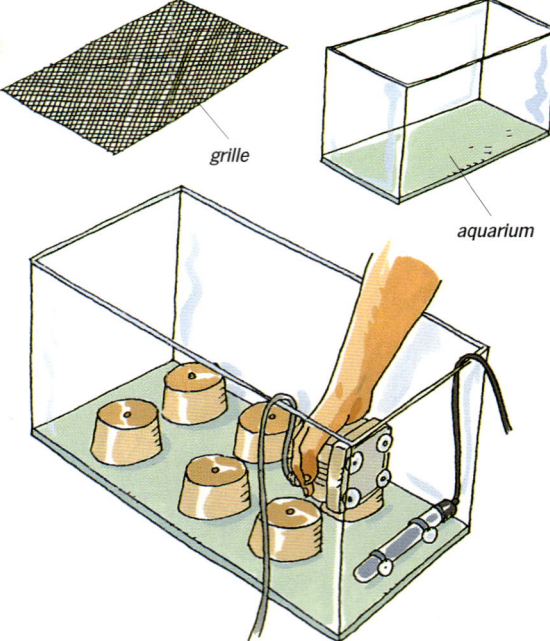

❻ Remplis ensuite l'aquarium
de 10 cm d'eau et branche les appareils.
Si tout fonctionne correctement,
débranche les appareils et emplis
l'espace au-dessus de la grille de 10 cm
de substrat de culture (tourbe et sable).

❼ Repique maintenant tes plantes
et leurs étiquettes.

❽ Couvre l'aquarium avec la galerie
d'éclairage et programme son allumage
quotidien de 7 h à 9 h et de 17 h à 19 h.
Chaque semaine, contrôle le niveau
de l'eau et ajoutes-en si nécessaire.

L'espace de 15 cm laissé libre te permet d'accéder au chauffage et à la pompe.
L'aquarium idéal mesure 1 m de longueur, 30 à 35 cm de largeur
et 35 à 40 cm de hauteur. Mais une cuve de 50 cm
de longueur permet déjà une belle réalisation.
Demande à un adulte de t'aider
pour l'installation.

Le brocchinia, une broméliacée traîtresse pour les insectes !

Le brocchinia est une broméliacée. Ce sont des plantes tropicales qui ont généralement une rosette* de feuilles organisées en entonnoir et contenant de l'eau en permanence. C'est un milieu de vie pour de multiples insectes et amphibiens qui s'y reproduisent. Mais chez le brocchinia, ils y sont digérés !

Les espèces à cultiver en intérieur

Ces espèces se cultivent dans un substrat de tourbe blonde, additionné de 50 à 60 % de sable de quartz.

◀ **Le petit brocchinia**

Brocchinia reducta
Venezuela (plateau du Guyana)
Famille des broméliacées
Piège à urne

Aimant le plein soleil, il est plus beau s'il reste au frais l'hiver. Il aime l'engrais foliaire* pour orchidées. Le petit brocchinia ne possède qu'un seul piège par plante.

50 cm de hauteur

25 cm de hauteur

L'héliamphore ▶ penché

Heliamphora nutans
Venezuela (sur les Tepuys)
Famille des sarracéniacées
Piège à urne

Son nom provient de ses fleurs blanches inclinées en avant.

◀ ## Le népenthès ventru

Nepenthes x ventrata
 Philippines
Famille des népenthacées
Piège à urne

Il craint le grand soleil, mais a besoin de beaucoup de lumière pour former ses urnes. Il accepte l'eau du robinet si elle n'est pas trop calcaire. Il réagit bien à l'apport d'engrais foliaire pour orchidées, à faible dose. Ne laisse jamais d'eau dans la soucoupe !

Liane pouvant dépasser plusieurs mètres

Le népenthès gymnamphore ▶

Nepenthes gymnamphora
Java et Sumatra
Famille des népenthacées
Piège à urne

Il craint le grand soleil, mais a besoin de beaucoup de lumière pour former ses urnes.

Liane pouvant dépasser plusieurs mètres

◀ ## Le céphalote folliculaire

Cephalotus follicularis
 Australie (région côtière sud)
Famille des céphalotacées
Piège à urne

Il pousse bien à l'ombre ou en pleine lumière, mais pas au soleil.

5 cm de hauteur

Le droséra de Menzies ▼

Drosera menziesii
🌐 Australie (ouest)
Famille des droséracées
Piège à glu

Plante dressée à tige bien développée, il craint les milieux détrempés et requiert un mélange de 80 % de sable de quartz et de 20 % de tourbe blonde.

25 cm de hauteur

3 cm de diamètre

◄ Le droséra de Burmann

Drosera burmannii
🌐 Australie, Chine, Inde, Japon
Famille des droséracées
Piège à glu

Difficile à cultiver, cette espèce requiert un mélange de 70 % de tourbe blonde et de 30 % de sable de quartz.

5 cm de diamètre

Le droséra d'Alice ▲

Drosera aliciae
🌐 Afrique du Sud (province du Cap)
Famille des droséracées
Piège à glu

Il se plaît dans de la tourbe blonde pure. Sa couleur rouge s'intensifie quand on le cultive au soleil. Sa floraison est spectaculaire, car la tige portant les fleurs atteint 40 cm.

Le droséra à fleurs en étoile ▶

Drosera stelliflora
 Australie (extrême sud-ouest)
Famille des droséracées
Piège à glu

*2,5 cm
de diamètre*

Il se plaît dans de la tourbe mélangée pour
moitié avec du sable de quartz. C'est un
« droséra miniature » annuel qui se reproduit
par gemmes.

*Fleur du droséra
d'Adèle*

*40 cm
de diamètre*

◀

Le droséra d'Adèle

Drosera adelae
 Australie (province
du Queensland)
Famille des droséracées
Piège à glu

Il se plaît dans un substrat
composé de 50 % de
tourbe blonde et de 50 %
de sable de quartz
et préfère une lumière
tamisée. Il donne
de belles fleurs rouges
et disparaît presque
entièrement l'hiver.

Les gemmes

Les gemmes sont des bourgeons solitaires
et sans racines. Ils sont émis en grand nombre
par les « droséras miniatures » annuels, avant
leur mort. Dispersés par la pluie, ils s'enracinent
au printemps suivant. C'est une forme originale
de multiplication qui ne donne que des plantes
absolument identiques à la plante mère.

3 cm de diamètre

◄ La grassette à fleurs rondes

Pinguicula rotundiflora
🌍 Mexique
Famille des lentibulariacées
Piège à glu

Elle nécessite un substrat de 30 %
de tourbe blonde et 70 % de sable
de quartz. C'est une belle petite
espèce résistante craignant le soleil
direct mais aimant la lumière.

La grassette à feuilles planes ▶

Pinguicula planifolia
🌍 États-Unis (Floride,
Mississippi)
Famille des
lentibulariacées
Piège à glu

Il lui faut un substrat
composé à 60 % de
tourbe blonde et à 40 %
de sable de quartz.
Ses feuilles sont vertes,
margées de rouge. Elles
peuvent même rougir
en entier si la plante est
cultivée en plein soleil.

12 cm de diamètre

10 cm de diamètre

◄ La grassette de Moran

Pinguicula moranensis
🌍 Mexique
Famille des lentibulariacées
Piège à glu

Elle nécessite un substrat composé à 30 %
de tourbe blonde et à 70 % de sable
de quartz. Cette espèce, à grosses fleurs rose
vif spectaculaires, aime un repos hivernal
sans eau ni lumière artificielle excessives.

*Minuscule feuille
solitaire en spatule
de 1,5 mm, fleur
rose sur tige
de 5 cm
de hauteur*

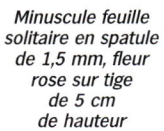

Les utriculaires, reines des plantes carnivores

Avec près de 200 espèces, les utriculaires terrestres et aquatiques forment le genre le plus important de plantes carnivores. On les rencontre un peu partout et sous tous les climats.

L'utriculaire de Sanderson ▶

Utricularia sandersonii
🌐 Afrique du Sud
Famille des lentibulariacées
Piège à aspiration
(situé sur les racines)

Elle se plaît dans 70 % de tourbe blonde et 30 % de sable de quartz. Dans son pays d'origine, elle pousse sur les rochers moussus, ses racines piégeant les micro-vers vivant là.

*Minuscule feuille
solitaire en spatule
de 1 à 3 mm, fleur
jaune sur tige
de 5 cm
de hauteur*

L'utriculaire envahissante ▶

Utricularia subulata
🌐 Afrique, Amérique, Asie
Famille des lentibulariacées
Piège à aspiration (nombreux pièges, situés sur les racines)

Elle se plaît dans la tourbe blonde pure. Aimant le soleil, elle peut se cultiver dans les pots des autres plantes carnivores. Elle supporte même la culture en tourbière.

Bouture de népenthès

On réalise ce bouturage à 25° C, à la lumière et à l'humidité (tourbière tropicale en aquarium).

❶ *Coupe une extrémité de tige de népenthès de 20 cm environ et retire les premières feuilles sur 10 cm, du côté de la section.*

❷ *Plante cette bouture dans un substrat constitué de sphaigne vivante hachée.*

❸ *En quelques semaines, des racines apparaissent.*

La multiplication des plantes carnivores

Maintenant que tu sais cultiver tes plantes, voici des méthodes pour les multiplier. Échange-les ensuite avec tes amis !

Le bouturage*

Le bouturage se pratique au printemps et permet d'obtenir de jeunes plantes à partir d'une plante mère. Les nouvelles obtenues seront des clones ! Il fonctionne bien avec de nombreuses plantes carnivores et est assez facile à réaliser.

Boutures de droséra

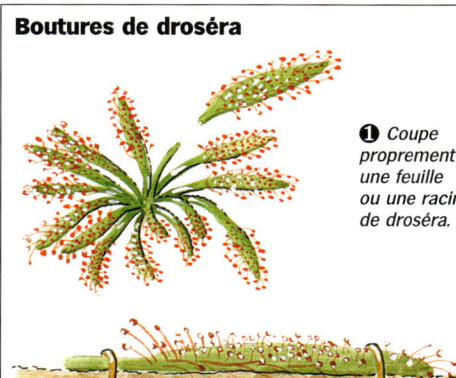

❶ *Coupe proprement une feuille ou une racine de droséra.*

❷ *Dispose-la couchée sur un lit de tourbe blonde détrempée. Maintiens-la par des morceaux de fil de cuivre.*

❸ *De nombreuses petites plantes vont apparaître le long de l'élément végétal. Il te suffit de le découper entre les jeunes plantes et de repiquer celles-ci.*

La séparation des touffes

Les plus grandes espèces poussent en touffes et se multiplient en développant des rejets* ou des tiges souterraines. Au printemps, sectionne-les et éclate les touffes. Multiplie ainsi par 2 ou par 3 les sarracénies et les plantes cobras.

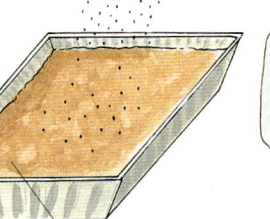

Séparer une colonie d'utriculaires terrestres

Divise des morceaux de sol contenant la plante et repiques ailleurs. Chaque centimètre carré de tourbe contient plusieurs plantes.

Le semis*

Les fleurs des plantes carnivores donnent des fruits discrets. Recueille leurs graines et sème-les pour obtenir de petites plantes. Surveille l'évolution des fruits pour récolter les graines.

❶ Un mois après la fin de la floraison, coupe les tiges florales et renverse-les sur un papier essuie-tout. De nombreuses graines noires ou brunes tombent.

❷ Recueille-les dans un tube en plastique. Pour préparer le semis, place 3 cm de tourbe blonde sèche et tamisée dans une barquette d'aluminium.

❸ Détrempe-la avec de l'eau déminéralisée et saupoudre la surface avec les graines.

❹ Couvre d'un carreau et place l'ensemble à la lumière, mais pas au soleil. N'oublie pas d'étiqueter ton semis. Maintiens l'humidité par des pulvérisations d'eau.

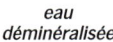

eau déminéralisée

tourbe blonde

❺ Au bout d'un mois, de minuscules plantes apparaîtront. Les dionées grandiront en 2 ans, les droséras en une saison.

Les informations utiles

Où se procurer des plantes carnivores ?

Pour commencer, tu trouveras au printemps
3 ou 4 espèces faciles à cultiver dans toutes
les jardineries. Il faut immédiatement
les rempoter dans du bon substrat.
Voici 2 adresses spécialisées :

• Marcel LECOUFLE
 5, rue de Paris
94470 Boissy-Saint-Léger

• Nature et Paysages (Collection nationale
de plantes carnivores depuis 1995)
Jean-Jacques LABAT (spécialiste international)
32360 Peyrusse-Massas

Une grande association d'amateurs
• L'Association française d'amateurs
de plantes carnivores
Elle édite la revue semestrielle en couleurs
Dionée, dans laquelle tu trouveras de
nombreux renseignements sur les cultures.
Elle pourra également te fournir les adresses
d'autres amateurs dans ta région.
Contact : M. Sylvain LAFRANCE
103, route de Schirmeck
67200 Strasbourg

Les prix

Voici une fourchette
indicative des prix.
Ils varient selon l'âge
et la difficulté de
culture de l'espèce :
• **Dionée :**
de 3,8 à 12,2 €
(de 25 à 80 F)
• **Sarracénies :**
de 6,9 à 30,5 €
(de 45 à 200 F)
• **Droséras :**
de 3,8 à 12,2 €
(de 25 à 80 F)
• **Népenthès :**
de 12,2 à 38,1 €
(de 80 à 250 F)
• **Grassettes :**
de 6,9 à 12,2 €
(de 45 à 80 F)
• **Utriculaires :**
de 3,8 à 12,2 €

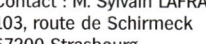

Où voir des plantes carnivores ?

Dans les jardins botaniques publics :
• Serres des jardins d'Auteuil, Paris
• Jardin botanique du parc de la Tête-d'Or, Lyon
• Conservatoire et Jardin botanique, Nancy
• Jardin botanique, Rouen

Dans les jardins botaniques privés :
• Parc floral de haute Bretagne, Le Chatellier
• Parc Phœnix, Nice
• Végétales visions, Colayrac-Saint-Cirq

Dans la nature :
• Les tourbières aménagées d'Auvergne, du Doubs
et de Dordogne.

La protection

Les plantes carnivores sont originaires de milieux rares et fragiles. Beaucoup d'espèces spectaculaires sont protégées par des lois nationales ou internationales pour éviter le pillage de leurs sites naturels (dionée, népenthès, sarracénies). Leur commerce est réglementé. Des pépinières autorisées produisent ces plantes. Pour ces espèces, fournis-toi uniquement auprès de ces professionnels et conserve les documents d'accompagnement.

Les maladies et les parasites

Tes plantes carnivores peuvent être atteintes par des maladies ou infestées par des parasites. Le cas se présente surtout lors de cultures en intérieur et affecte souvent des plantes affaiblies.

• **Les limaces et escargots** sont éliminés par un peu d'antilimace en utilisation raisonnée autour de la plante, mais seulement quand tu auras surpris ces gloutons au travail.

• **Les pucerons** se combattent par un insecticide universel en bombe (usage très modéré, car certaines plantes y sont sensibles).

• **Les araignées rouges** sont des acariens. Elles tissent une toile blanchâtre autour des feuilles qu'elles piquent et font jaunir. Pour les chasser, augmente l'humidité par des pulvérisations très fréquentes.

• **Les cochenilles** sont difficiles à combattre et demandent un examen régulier. Dès que tu en vois apparaître, écrase-les pour éviter l'invasion.

Index

Lexique

Ascidie : élément d'un animal ou d'un végétal en forme de sac, à petite(s) entrée(s).

Aspérité : irrégularité rugueuse.

Bouturage : consiste à faire s'enraciner une partie coupée sur une plante, afin d'obtenir une nouvelle plante.

Digestif : qui digère.

Drainer : faciliter le passage de l'eau à travers le sol en y mélangeant du sable.

Engrais foliaire : engrais liquide qui se pulvérise sur les feuilles. Il est absorbé par elles.

Gro Lux : tube néon diffusant une lumière spéciale pour la culture des plantes.

Hémisphère : moitié nord ou sud du globe terrestre.

Lessiver : action de l'eau qui traverse un sol en grande quantité et qui en emporte les sels minéraux.

Pyramide écologique : ensemble des espèces animales et végétales d'un lieu, présentées selon leur caractère de proies ou de prédateurs des autres.

Rameau : petite ramification d'une plante.

Rejet : pousse d'une nouvelle plante sortant de terre au pied d'une plante.

Rosette : ensemble de feuilles étalées dans toutes les directions à la base d'une plante.

Sécréter : produire une substance particulière, fabriquée et rejetée à l'extérieur par un organe animal ou végétal.

Sels minéraux : éléments chimiques, dont les plantes se nourrissent, se trouvant naturellement dans le sol ou apportés par un engrais.

Semis : résultat de l'action de semer des graines.

Sensitif : qui est sensible au toucher.

Substrat : milieu dans lequel est enracinée une plante.

Suc digestif : substance liquide qui digère.

Terrain siliceux : type de terrain comportant de la silice (sable). Il n'est généralement pas calcaire.

Valve : un des 2 éléments d'un piège à mâchoires.

Veinée : qui porte des dessins semblables à des veines.

Activités et identification, la nature est pleine d'idées, et tes carnets pleins d'inventions.

Dans la même collection

ISBN : 978.2.7459.2675.3
Dépôt légal : 1er trimestre 2007
Imprimé en Italie par Canale